Guitar-TV

Der
Transposer

Reinhold Pomaska

Die praktische und schnelle Hilfe

für jeden Musiker

Pomaska-Brand Verlag

Bibliografische Information: Die Deutsche Bibliothek verzeichnet diese Publikation in der Deutschen Nationalbibliografie; detaillierte bibliografische Daten sind im Internet über http://dnb.ddb.de abrufbar.

3. Auflage August 2011
© 2010 Reinhold Pomaska
Alle Rechte vorbehalten

Umschlaggestaltung:
Martina Krause

Lektorat:
Dieter Schmikowski / Heinz Manuel Krause

Herstellung und Vertrieb:
Pomaska-Brand Verlag
Holthausen 1
D-58579 Schalksmühle
Telefon +49 (0)2355 - 903339
Telefax +49 (0)2355 - 903338
www.pomaska-brand-verlag.de
Email: info@pomaska-brand-verlag.de

ISBN 978-3-935937-74-0

Vorwort

Lieber Musiker, liebe Musikerin!

Mit dem Transposer stelle ich dir ein Gerät vor, das ich entwickelt habe, um das Transponieren zu erleichtern. Transponieren bedeutet, eine Melodie oder einen Akkord von einer Tonart in eine andere zu übertragen. Mit Hilfe des Transposers wird dies zum Kinderspiel!

Die lineare Darstellung der Tonfolge und die Beweglichkeit der beiden Lineale entlang der Tonleitern und der Stufenskala helfen nicht nur beim Transponieren, sondern fördern auch das intuitive Verständnis für viele musikalische Zusammenhänge und Funktionen. So ist der Transposer gerade unter Musikanfängern und im Musikunterricht an Schulen sehr beliebt, weil er auch denen, die kein Instrument spielen, auf einfachste Weise die Kenntnis von tonalen und harmonischen Strukturen vermittelt – ähnlich wie der Quintenzirkel, jedoch einfacher und übersichtlicher (siehe den Vergleich zwischen Transposer und Quintenzirkel auf unserer Homepage).

Obwohl der Transposer sehr übersichtlich und leicht zu bedienen ist, erkennen selbst versierte Musiker meist nicht gleich alle Anwendungsmöglichkeiten. So wirst du in diesem Anleitungsbuch manch überraschendes Einsatzgebiet entdecken!

Zur weiteren Unterstützung findest du im Internet auf der Transposer-Homepage unter **www.transposer.de** einige Filme, die dir zusätzlich eine Hilfe bieten. Ebenso kannst du dich in mein Gitarren-Forum auf **www.guitar-tv.de** einloggen und dort gezielt deine Fragen stellen und über deine Erfahrungen mit dem Transposer berichten.

Viel Spaß und viel Erfolg mit dem Transposer
wünscht dir

Reinhold Pomaska

P.S.
Wenn du Anwendungsmöglichkeiten für den Transposer entdeckst, die in dieser Anleitung nicht beschrieben sind, freue ich mich, wenn du mich kontaktierst, so dass ich sie bei der nächsten Auflage berücksichtigen kann!

Inhaltsverzeichnis

Der Transposer und seine Funktionen

Die Moll-Tonleiter, gekennzeichnet durch die gelben Punkte.

Die Dur-Tonleiter, gekennzeichnet durch die roten Punkte.

Das obere, schiebbare Lineal mit zwei Oktaven der chromatischen C-Dur-Tonleiter, dargestellt in internationaler Schreibweise mit dem Ton B.*

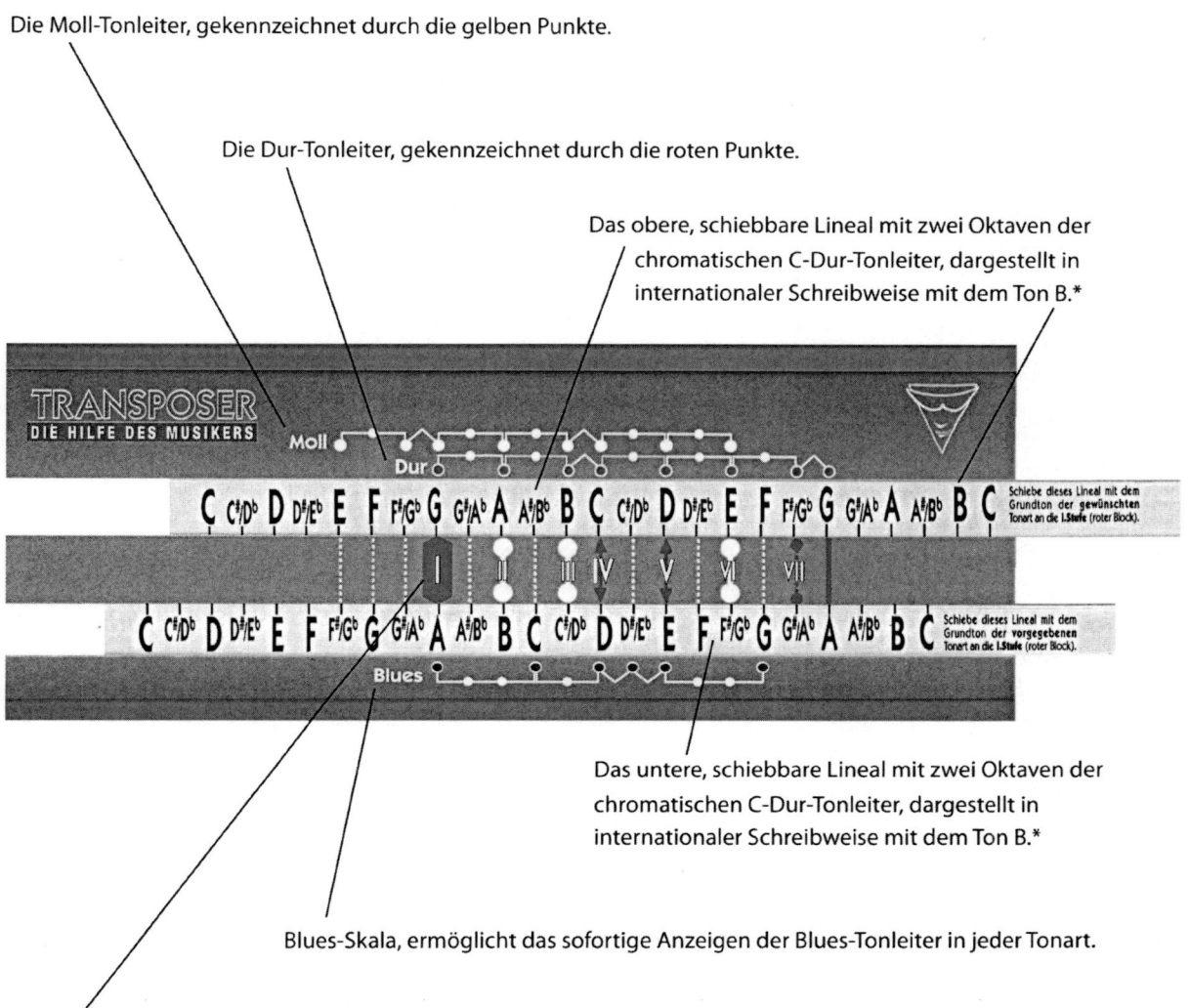

Das untere, schiebbare Lineal mit zwei Oktaven der chromatischen C-Dur-Tonleiter, dargestellt in internationaler Schreibweise mit dem Ton B.*

Blues-Skala, ermöglicht das sofortige Anzeigen der Blues-Tonleiter in jeder Tonart.

Die römische I kennzeichnet die I. Stufe der Stufenskala, daneben folgen die Stufen II, III, IV, V, VI und VII.

* B = statt H (deutsche Bezeichnung)
In diesem Buch wird ausschließlich die internationale Bezeichnung B verwendet!

Warum Transponieren?

Transponieren nennt man das Versetzen eines Liedes in ein andere Tonart.
Dies kann aus verschiedenen Gründen erforderlich werden.

Instrumentenbedingtes Transponieren

Viele Instrumente bereiten bei bestimmten Tonarten insofern Probleme, dass nicht alle Tonarten auf dem jeweiligen Instrument gleich schwer zu spielen sind. So kann man generell sagen, dass Anfänger auf ihrem Instrument möglichst alle Lieder in einer leichten Tonart spielen möchten.

Wie unterschiedlich die Auffassungen von leicht und schwer spielbaren Tonarten sind, erfährt man im Gespräch mit den Mitgliedern eines Orchesters oder einer Band.

Tasteninstrumente wie Klavier, Keyboard, Orgel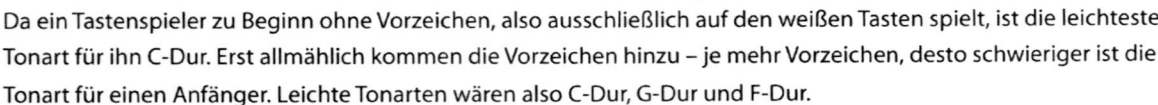

Da ein Tastenspieler zu Beginn ohne Vorzeichen, also ausschließlich auf den weißen Tasten spielt, ist die leichteste Tonart für ihn C-Dur. Erst allmählich kommen die Vorzeichen hinzu – je mehr Vorzeichen, desto schwieriger ist die Tonart für einen Anfänger. Leichte Tonarten wären also C-Dur, G-Dur und F-Dur.

Die Rhythmusgitarre

Die Rhythmusgitarre basiert auf dem Akkordspiel, so dass die Akkorde unter anderem ausschlaggebend für den Schwierigkeitsgrad eines Liedes sind. Der Anfänger spielt normalerweise noch keine Barré-Akkorde, damit fallen vor allem die ♭-Tonarten grundsätzlich weg, da hierbei immer mindestens ein Barré-Akkord zu spielen ist:

Schon der F-Dur-Griff erfordert zumindest die Griffweise für einen kleinen Barré-Griff, der von den meisten Anfängern gern vermieden wird. Leicht spielbare Tonarten sind in der Regel D-Dur, G-Dur, A-Dur und E-Dur (mit B7), jedenfalls solange ein Song auf die dazugehörigen Moll-Akkorde verzichtet.

Wenn der kleine F-Dur-Akkord schon gegriffen werden kann, ist die Tonart C-Dur mit allen drei Mollparallelen Am, Em und Dm die leichteste Tonart.

Beim Überprüfen der nötigen Liedakkorde in einer bestimmten Tonart ist dir der Transposer durch seine Flexibilität und Geschwindigkeit eine enorme Hilfe. Selbst mit einem Computerprogramm bist du nicht schneller!

Die Sologitarre

Hiermit ist natürlich nicht eine bestimmte Gitarrenart gemeint, sondern lediglich das solistische Spielen auf der Gitarre. Grundlage für das Solospiel sind Tonleitern, häufig Skalen genannt. Da die Skalen durch einfaches Verschieben über die Bünde sehr leicht transponiert werden können, ist es für den Solisten auf der Gitarre kein Problem, jede andere Tonart zu erreichen. Grenzen werden hier allerdings auch aufgezeigt, weil das Verschieben nach oben und unten eben durch die Anzahl der Bünde begrenzt ist. Grundsätzlich ist aber eine Tonart mit mehreren Vorzeichen nicht schwieriger zu spielen als eine Tonart ohne Vorzeichen.

Auf dem Transposer findest du die drei wichtigsten Skalen: Dur, Moll, Blues (Pentatonik).

Der Bass

Ein Bassspieler hat normalerweise keine großen Probleme mit dem Transponieren, da er – ähnlich wie der Sologitarrist – die einzelnen Töne bundweise verschieben kann. Das Hauptproblem wird hier der Sound sein, denn wenn eine Basslinie um mehrere Töne nach oben transponiert wird, klingt es u. U. nicht mehr zufriedenstellend. In dem Fall kann es sein, dass sich der Spieler auch eine neue Begleitung ausdenken muss. Prinzipiell hat ein Bassspieler aber auch kein echtes Problem mit mehreren Vorzeichen in einer Tonart.

Die Blockflöte (Sopran)

Die Blockflöte ist ein C-Instrument. Die leichtesten Tonleitern und Tonarten sind dementsprechend
C-Dur/A-Moll. Weitere gebräuchliche Tonarten sind F-Dur/D-Moll mit einem ♭-Vorzeichen und G-Dur/E-Moll mit
einem #-Vorzeichen.
Allerdings sind die Transponiermöglichkeiten durch den geringen Tonumfang des Instrumentes begrenzt.

Saxophone/Klarinetten/Hörner usw. (transponierende Instrumente)

Diese Instrumente sind transponierende Instrumente, d. h. die Notation dieser Instrumente
entspricht nicht ihrer wirklichen Tonhöhe. Das mag einem sehr merkwürdig vorkommen,
hat aber seinen Sinn, den zu erklären hier allerdings zu weit führen würde.
Letztlich ist fast jeder Saxophonist/Klarinettist gezwungen, Noten in die Tonlage seines Intrumentes zu
transponieren.

Die Stimme

Die menschliche Stimme zähle ich in diesem Zusammenhang auch zu den Instrumenten. Schließlich ist unsere
Stimme ja auch das natürlichste Instrument, das wir haben, manche sagen auch: Das Schönste!
Da die Stimme auch noch sehr individuell ist und bei jedem Menschen auch einen unterschiedlichen Tonumfang
aufweist, gilt für den Sänger und die Sängerin immer, jedes Lied möglichst in der Tonart/Tonlage zu singen, in der
seine/ihre Stimme am besten zur Geltung kommt.

Band/Orchester

Je nach Besetzung einer „Musikgruppe" gibt es meist bestimmte Lieblingstonarten, wobei diese sehr stark von den
Instrumenten, Sängern und dem Können der Musiker abhängig sind.
Hier gilt es eigentlich immer, einen Kompromiss zu finden, so dass alle Beteiligten zufrieden sind.

Beispiel A:
Besetzung: Anfänger-Gitarrist und Sänger
Das Lied ist in D-Dur (D, G, A7) geschrieben, ist dem Sänger aber zu tief.
Der Gitarrist kann noch keine Barré-Griffe spielen. Das Transposerlineal zeigt in der E-Dur-Stellung ebenfalls
einfache Akkorde an:
(E, A, B7), oder auch G-Dur (G, C, D7).

Beispiel B:
Besetzung: Anfänger-Gitarrist und Blockflöte
Das Lied ist in C-Dur (Hauptakkorde C, F, G) notiert, doch ein Ton muss tiefer als der Ton C gespielt werden.
Für die Blockflöte wäre die Tonart F jetzt optimal, da diese Tonart nur ein ♭-Vorzeichen hat.
Der Gitarrist hat dann allerdings ein Problem, weil er den F-Akkord noch nicht spielen kann.
Lösung: Die Gitarre setzt auf die Griffe von D-Dur (D, G, A7) und bringt diese Tonart mit Hilfe eines Kapodasters im
3. Bund in die Tonart F.
Bei der Gitarre bedeutet ein optimales Transponieren oft, dass man doppelt transponiert, einerseits die Griffe,
andererseits durch Aufsetzen eines Kapodasters.

Transponieren mit dem Transposer

Wie du gesehen hast, gibt es viele unterschiedliche Gründe zum Transponieren.

Trotzdem ist der technische Vorgang auf dem Transposer immer gleich, d. h., du benutzt immer beide Lineale.

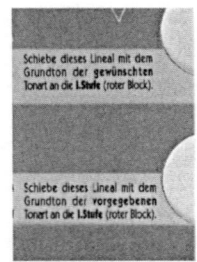

Linealhandhabung

Die Beschriftung der beiden Lineale mit der „gewünschten" und der „vorgegebenen" Tonart auf dem unteren Lineal ist relativ willkürlich, du könntest die Lineale also genauso gut umgekehrt benutzen!

Um eine einheitliche Vorgehensweise zu gewährleisten, empfehle ich dir allerdings, die Lineale wie im Buch angegeben zu benutzen.

Transponieren für ein Melodieinstrument

In diesem Abschnitt geht es um die Transposition einer einstimmigen Melodie mit Akkorden. Aus welchem Grunde und für welches Instrument sie gedacht ist, spielt keine Rollle:

Ob es ein Klarinettenspieler ist, der in eine spezielle Tonart transponieren muss, oder ein Klavierspieler, der anfangs möglichst wenige schwarze Tasten spielen möchte; genauso vorteilhaft ist es für einen Blockflötenspieler, der möglichst keine Vorzeichen vor seinen Noten sehen will.

Untenstehendes Beispiel wäre für Anfänger sowohl auf dem Klavier als auch auf der Blockflöte geeignet, denn C-Dur ist in beiden Fällen die leichteste Version bei diesem Lied.

Unsere Ausgangslage ist eine Notation in A-Dur, versehen mit drei ♯-Vorzeichen.

Die Zieltonart für Klavier und Blockflöte ist die Tonart C-Dur, also ohne Vorzeichen.

Obwohl die Notation Akkorde aufweist, die wir auch transponieren werden, konzentrieren wir uns zunächst auf eine einfache Notation. Die Akkordproblematik behandeln wir einen Schritt später.

A, a, a, der Winter der ist da

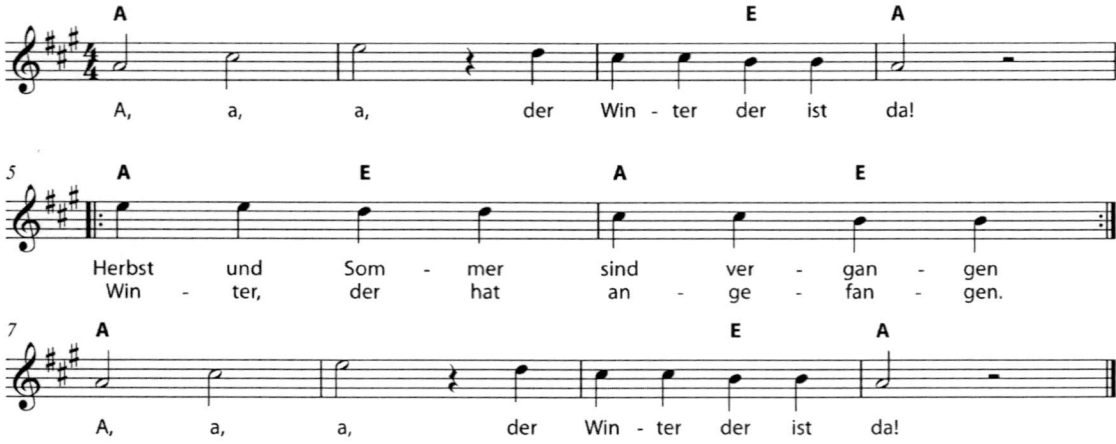

Du ziehst nun das untere Lineal mit dem A auf die römische I (vorgegebene Tonart).

Das obere Lineal lässt du auf dem Ton C, die römische I (gewünschte Tonart).

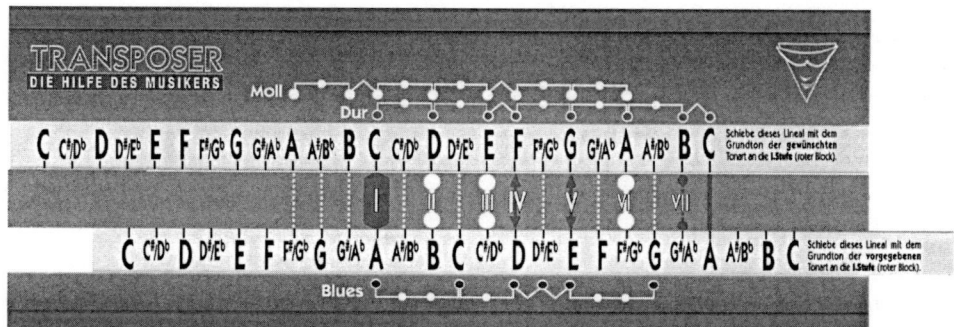

Nun nimmst du den ersten Ton aus der Notation (A), schaust auf das untere Lineal des Transposers und vergleichst diesen mit dem direkt darüberliegenden Ton (C) auf dem oberen Lineal.

Wenn du so Ton für Ton der Reihe nach vorgehst und nun immer die Töne vom oberen Lineal nimmst und damit die ursprünglichen Töne ersetzt, hast du das gewünschte Notenbild in C-Dur, ohne Vorzeichen.

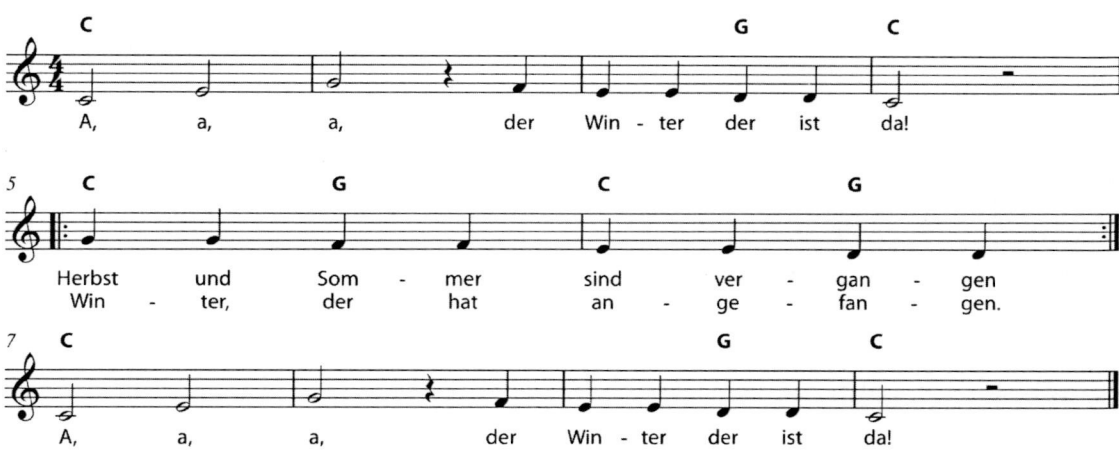

Akkordvereinfachung mit Kapodaster und Transposer

Stellen wir uns weiter vor, zum Klavierspieler und Blockflötenspieler gesellt sich ein Gitarrist, der ebenfalls mitspielen möchte, allerdings noch keinen C-Akkord spielen kann. Er beherrscht aber die Griffe D, G, A und E.

Um einen klingenden C-Akkord auf der Gitarre zu spielen – ohne den C-Griff greifen zu müssen – muss er einen Kapodaster einsetzen.

Schauen wir auf die Ausgangsnotation in A-Dur. Dort sehen wir, dass der Gitarrist diese leichten Akkorde spielen könnte.

Die Frage lautet nun: Wo muss der Kapodaster aufgesetzt werden, damit der Griff A-Dur in C-Dur erklingt?

Ein Blick auf das Lineal des Transposers zeigt uns den Abstand von A nach C:

Folgende Akkorde würden bei entsprechender Kapodasterposition erklingen:

Kapodaster 1. Bund + Griff A-Dur = klingender Bb-Dur-Akkord

Kapodaster 2. Bund + Griff A-Dur = klingender B-Dur-Akkord

Kapodaster 3. Bund + Griff A-Dur = klingender **C-Dur-Akkord**

Der Gitarrist kann also mit den Griffen A und E und dem Kapo im 3. Bund den Klavierspieler und den Blockflötenspieler in C-Dur begleiten!

Das Heraushören von Akkorden

Stell dir vor, du hast einen Song auf CD oder als mp3, den du gerne mit Akkorden begleiten möchtest.
Wenn du im Internet keine passenden Akkorde und das Lied auch in keinem Songbuch findest, bleibt dir nur noch das Heraushören.
Der Transposer ist dir hier eine wertvolle Hilfe, da er blitzschnell alle gebräuchlichen Akkorde einer Tonart anzeigt!
Für das Heraushören benötigen wir die Stufenskala (siehe Seite 5), die sich in der Mitte des Transposers zwischen den beiden Linealen befindet. Die Stufenskala bezeichnet die einzelnen Akkordstufen, die anhand der C-Dur-Tonleiter dargestellt werden.

Bezeichnungen der Akkorde auf der Stufenskala		Beispiel C-Dur
I.	**Tonika**, Grundakkord, Grundton	**C-Dur**
II.	**Mollparallele der Subdominante**	**Dm**
III.	**Mollparallele der Dominante**	**Em**
IV.	**Subdominante**	**F-Dur**
V.	**Dominante, Dominantseptakkord**	**G-Dur, G7**
VI.	**Mollparallele der Tonika**	**Am**
VII.	**Ersatzdominante**	**B°7**

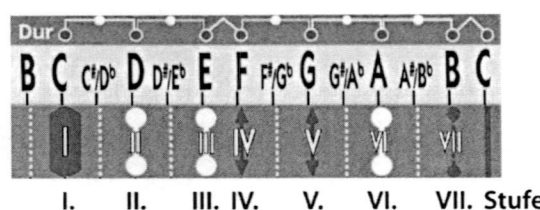

I.   II.   III. IV.   V.   VI.   VII. Stufe

Heraushören am Beispiel

Die erste Aufgabe besteht für dich darin, herauszufinden, welcher Ton der Grundton des Liedes sein könnte.
Hilfreich ist hierbei, wenn du in erster Linie auf die Basstöne achtest. Praktisch sieht das so aus, dass du erst deine Gitarre auf 440Hz stimmst, dann das Lied abspielst und gleichzeitig auf den Basssaiten dazu spielst.
Nehmen wir an, du findest heraus, dass der Grundton ein C sein könnte.
Damit legst du dich erst einmal auf die Akkorde der C-Dur-Tonleiter fest, siehe oben.
Im ganzen Song werden häufig dann nur diese Akkorde vorkommen!
Wenn man jetzt noch weiß, dass viele Songs mit drei Akkorden auskommen, nämlich den Dur-Akkorden, wird die Arbeit schon bedeutend leichter.
Eine weitere Hilfe ist die Tatsache, dass sehr oft nach der Tonika, also unserem ersten Akkord, die Dominante oder Subdominante gespielt wird. Damit ist man wieder einen Schritt weiter.
Diese „Regeln" treffen zwar nicht immer zu, aber man könnte es zumindest so versuchen. Wenn du merkst, dass Dominante und Subdominante nicht funktionieren, teste die drei Mollparallelen aus.
Du wirst mit dieser Methode dein Gehör schulen und je öfter du es machst, um so mehr Routine wirst du bekommen.

Ein Trick für die Praxis

Werde dir bewusst, dass alle Lieder eine bestimmte Struktur verwenden.

Bei einfachen Liedern ist diese Struktur am leichtesten zu erkennen.

Elemente eines Liedes

Es gibt vornehmlich drei *Hauptelemente* innerhalb von Liedern.

1. Strophe
2. Refrain
3. Brücke/Bridge

Als *Nebenelemente* könnte man noch folgende – meist instrumentale – Bestandteile nennen:

1. Intro/Einleitung
2. Solo/Zwischenspiel
3. Outro/Ending

Aufbau der Elemente

In erster Linie interessiert uns der Aufbau der Hauptelemente, denn die Akkorde der Nebenelemente wie Intro, Outro und Soli entsprechen oft der Akkordreihenfolge von Strophe oder Refrain!

Bekannte Songs als Beispiele für die Verwendung unterschiedlicher Songstrukturen:

1. Nur Strophen	*2. Strophen und Refrain*	*3. Strophen, Refrain u. Brücke*
99 Luftballons	Imagine	Perfekte Welle
Schneeflöckchen	Blowin' In The Wind	Country Roads
500 Miles	Über den Wolken	Westerland
I Walk The Line	This Land Is Your Land	Bad Day
Sailing	Dust In The Wind	Wind Of Change

Zum Heraushören wäre das 1. Beispiel mit Strophen das leichteste, weil wir einfach weniger Arbeit haben. Strophen und Refrain haben größtenteils auch eine bestimmte Anzahl an Takten, die du dir zunutze machen solltest: Häufig sind es 16 Takte.

Daher ist es oft sinnvoll, eine Strophe in zwei oder vier Zeilen einzuteilen.

Du wirst schnell merken, welchen Vorteil diese Aufteilung hat, gerade wenn du am Computer schreibst.

Die beste Übersicht hast du oft bei einer zweizeiligen Strophendarstellung, denn hier siehst du auf Anhieb, wie die Reihenfolge der Akkorde sich gleicht.

Leider geht diese übersichtliche Darstellung bei einer Notation fast immer verloren, da ein sinnvoller Zeilenumbruch manchmal nicht möglich ist oder nicht für nötig befunden wird.

Deshalb solltest du gerade dann, wenn du selber die Akkorde heraushörst und den Text setzt, auf eine übersichtliche Darstellung achten.

Ein weiterer Vorteil dieser Darstellung ist auch, dass du dir die Akkorde besser merken kannst, falls du dir vorgenommen hast, das Lied einmal auswendig spielen zu können!

Songblätter selber machen

Am Beispiel der Strophe von „Whiskey In The Jar" möchte ich noch einmal die bessere optische Überschaubarkeit der zweizeiligen Strophendarstellung aufzeigen.

Strophe mit 4 Zeilen

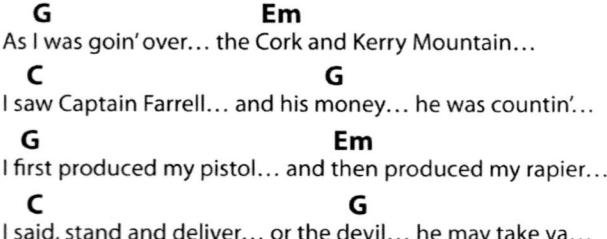

```
  G                 Em
As I was goin' over… the Cork and Kerry Mountain…
  C                 G
I saw Captain Farrell… and his money… he was countin'…
  G                 Em
I first produced my pistol… and then produced my rapier…
  C                 G
I said, stand and deliver… or the devil… he may take ya…
```

Strophe mit 2 Zeilen

```
  G                 Em                      C                 G
As I was goin' over… the Cork and Kerry Mountain… I saw Captain Farrell… and his money… he was countin'…
  G                 Em                      C                 G
I first produced my pistol… and then produced my rapier… I said, stand and deliver… or the devil… he may take ya…
```

Auch für den Fall, dass die Strophe eines Songs nicht zwei gleiche Akkordzeilen hat, hast du trotzdem noch den Vorteil, dass du das Lied auf eine Seite bekommst!

Strophe, Refrain und Brücke

Bei Liedern mit Strophe und Refrain gilt das Gleiche wie für die Strophe: Es kann bei zweizeiliger Darstellung beides gleich sein… oder auch nicht. Bei einer einfachen Wiederholung kannst du eventuell noch eine Zeile einsparen, indem du nur eine Zeile schreibst und dahinter ein Wiederholungszeichen setzt.

Die Brücke bricht oft etwas aus der bisherigen „Akkordnormalität" heraus, schließlich ist sie meist etwas dramatisch aufgebaut und verlangt nach weiteren Akkorden. Hier musst du wissen, dass manchmal auch die II. Stufe, also die Mollparallele der Subdominante, plötzlich als Dur-Akkord gespielt werden kann!
In C-Dur würde man mitunter also D-Dur statt D-Moll spielen.
Diese Akkordmodifikation kann dir natürlich nicht nur in der Bridge begegnen. Musik hat zwar gewisse Regeln und Strukturen, sie werden aber auch immer wieder gerne durchbrochen.
Schließlich gibt es noch zu beachten, dass manche Lieder aus Gründen der Abwechslung oder Dramaturgie plötzlich eine Strophe oder die Brücke transponieren. Meist ist es genau ein Ganztonschritt, also z.B. von C nach D.

Erfolgreiche Beispiele:
My Heart Will Go On, I Walk The Line, Morning Has Broken, King Of The Road und viele andere…
Falls du einer Transposition innerhalb eines Liedes begegnest, hast du allerdings kein Problem: Wenn das Lied wie im obigen Beispiel von C nach D transponiert wurde, stellst du das obere Lineal auf D, das untere Lineal lässt du auf C stehen und liest einfach die neuen Akkorde ab.
Ausführliche Anweisungen findest du im Kapitel „Transponieren mit dem Transposer".

Der Transposer beim Akkordaufbau

Der Transposer kann auch sehr gut für die Analyse von Akkorden oder eigenen Akkordfolgen genutzt werden. Hierbei ist das obere Lineal und die darüber liegende Dur-Tonleiter, bzw. die mittig angeordnete Stufenskala zu gebrauchen. Da beide Skalen die gleichen Tonabstände aufweisen, ist es egal, welche Skala du benutzt. Dazu lässt du das Lineal in der Grundposition stehen, da hier das Lineal schon mit dem Ton C direkt über der Einschiebemarke – der römischen „I" – steht.

Zuerst ein leichtes Beispiel: Der C-Dur-Akkord

Ein Dur-Akkord besteht aus drei verschiedenen Tönen. Ausgehend vom Grundton - hier C - sind also noch zwei weitere Töne in C-Dur enthalten: der 3. und 5. Ton der Tonleiter.
C-Dur besteht demnach aus dem Grundton **C**, der Terz **E** und der Quinte **G**.

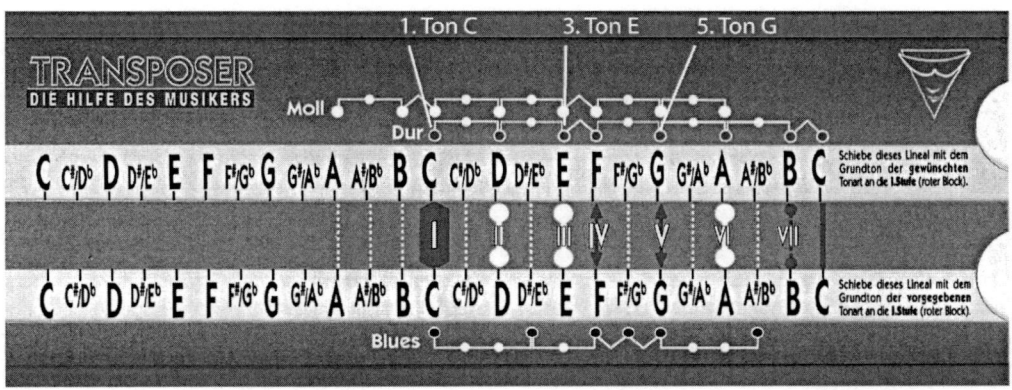

Analyse eines Jazzakkordes: Der C7/♭5-Akkord

Ein Sept-Akkord mit verminderter Quinte. Dieser Akkord besteht aus der
1. Stufe (Tonika)
3. Stufe (Terz)
5. Stufe erniedrigt (Quinte vermindert)
7. Stufe: (kleine Septime)

C7/♭5 besteht also aus: Grundton **C**, Terz **E**, erniedrigter Quinte **G♭** und kleiner Septime **B♭**.

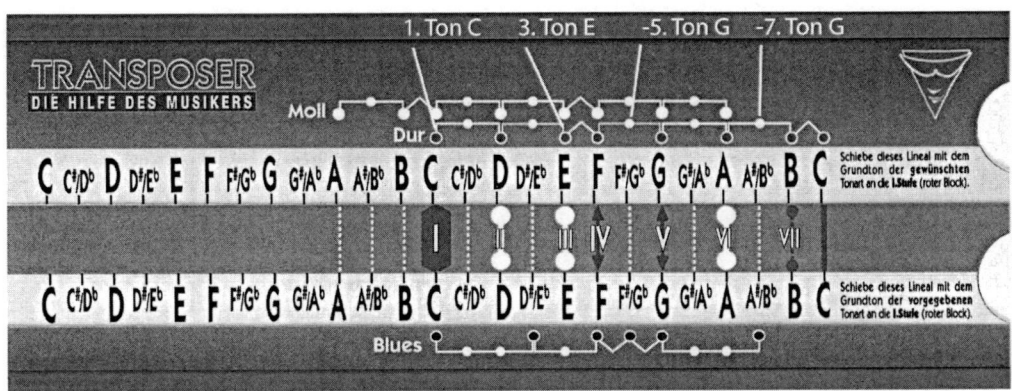

Weitere Ausführungen und Erläuterungen zum Akkordaufbau findest du in meinem Buch (mit DVD):
Guitar-TV Gitarrengriffe für Pop & Rock.

www.transposer.de

Die richtigen Töne für das Solospiel

Als Solist suchst du vielleicht manchmal die richtigen Töne für dein Solospiel.

Jede Musikrichtung hat bestimmte Tonleitern (Skalen), die beim Solospiel bevorzugt eingesetzt werden. Der Transposer kann dir drei Tonleitern in jeder Tonart blitzschnell anzeigen!

Die Moll-Tonleiter

Die Moll-Skala zeigt hier die E-Moll-Tonleiter. Du erkennst es daran, dass der Ton E direkt unter der ersten Tonmarkierung liegt. Die großen Punkte markieren die Töne der Skala, die kleinen Punkte zeigen die dazwischen liegenden Töne, die nicht zur Skala gehören.

Die E-Moll-Skala besteht also aus den Tönen:

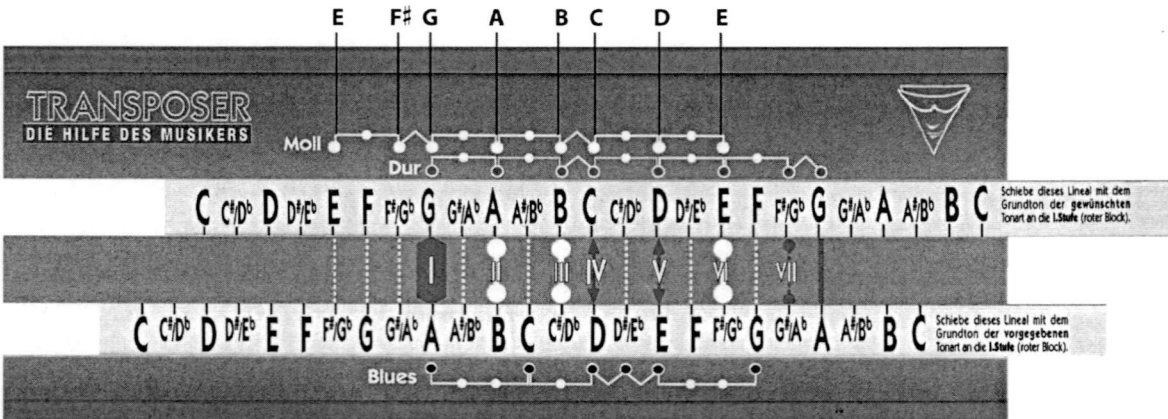

Die Einstellung der unteren Skala spielt hier keine Rolle!

Die Dur-Tonleiter

Hier zeigt die Dur-Skala die C-Dur-Tonleiter an. Du erkennst es daran, dass der Ton C direkt unter der ersten Tonmarkierung liegt. Die großen Punkte markieren wieder die Töne der Skala, die kleinen Punkte zeigen die dazwischenliegenden Töne, die nicht zur Skala gehören.

Die C-Dur-Skala besteht also aus den Tönen:

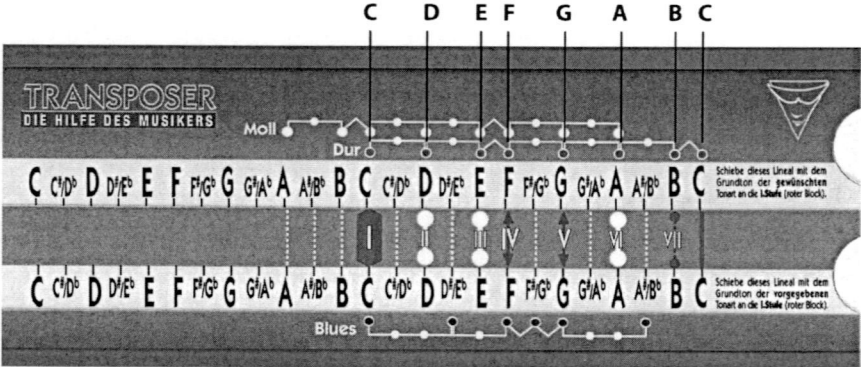

Die Blues-Tonleiter

Das untere Lineal wird zum Anzeigen der Blues-Skala verwendet. In diesem Beispiel ist das Lineal mit dem Ton A auf den ersten Ton der Blues-Skala eingeschoben, so dass hier die Blues-Skala in A abgelesen werden kann.

Die Einstellung der oberen Skala spielt hier keine Rolle!

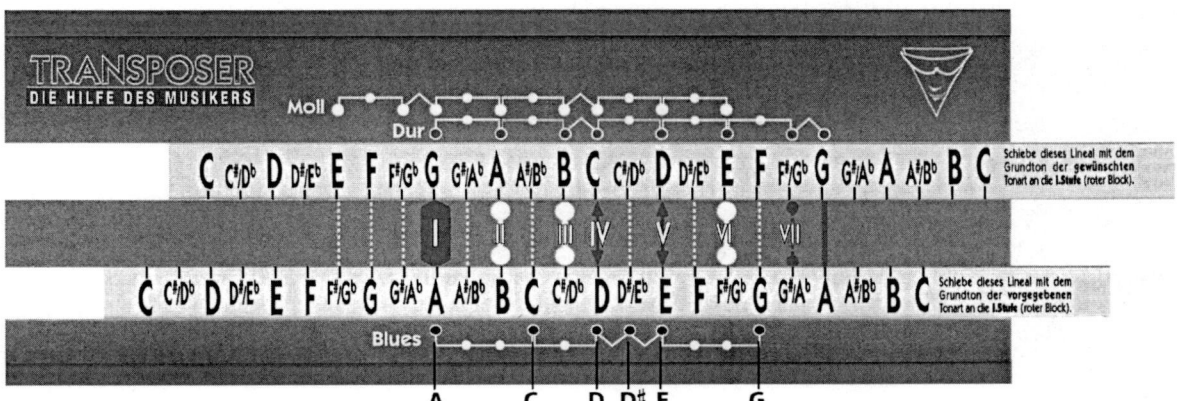

Die A-Blues-Skala besteht also aus diesen sechs Tönen.

Die pentatonische Tonleiter

Die Pentatonik ist eine aus fünf Tönen bestehende Tonleiter und bildet für die obige Blues-Tonleiter die Grundlage.
Die pentatonische Skala ist praktisch die Blues-Skala ohne Blue-Note – hier der Ton D♯.
Für Solisten ist die Pentatonik eine ungeheuer wichtige Tonleiter, da sie gerade am Anfang schon viele leichte Möglichkeiten für das Solospiel bietet.
Unser Beispiel zeigt die A-Moll-Pentatonik, die aus den Tönen **A, C, D, E, G** besteht.

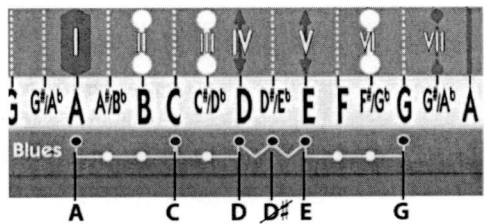

Beim Ablesen der Blues-Skala musst du die Blue-Note also streichen!

Für viele Gitarristen ist die A-Moll-Pentatonik eine beliebte Grundlage für ihr Solospiel.
Ausgangspunkt ist der 5. Bund (A) auf der tiefen E-Saite.
In dieser Lage lässt sich diese Skala sehr leicht trainieren, um sie später auch zu transponieren und in höheren und tiefen Lagen spielen zu können.

Entstehung der ♯-Vorzeichen

Die Dur-Skala über dem oberen Lineal ist maßgeblich, um das Entstehen der diversen Vorzeichen in den Tonarten sozusagen „live" zu verfolgen.

C-Dur

In der Grundeinstellung sind beide Lineale auf C-Dur eingestellt.

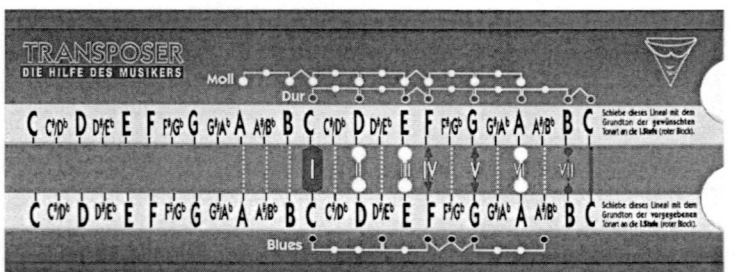

Die Dur-Skala zeigt
die Stammtöne
C - D - E - F - G - A - B - C,
also **keine** erhöhten/erniedrigten Töne.

Die Einstellung der unteren Skala spielt hier keine Rolle!

G-Dur

In dieser Stellung erkennen wir, dass die Stammtöne nicht mehr ausreichen, um in G-Dur die Dur-Tonleiter bilden zu können.

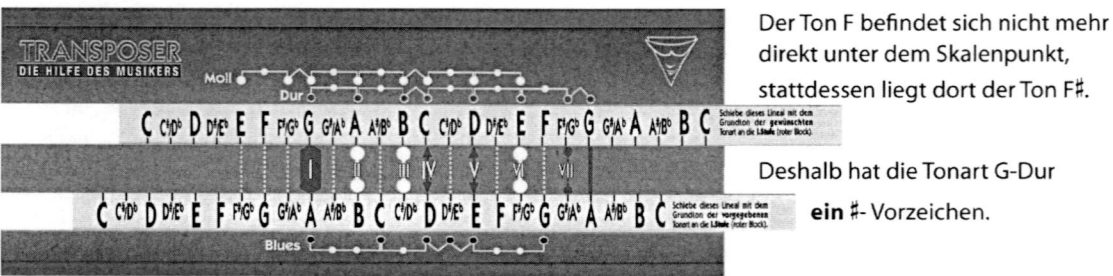

Der Ton F befindet sich nicht mehr direkt unter dem Skalenpunkt, stattdessen liegt dort der Ton F♯.

Deshalb hat die Tonart G-Dur **ein** ♯- Vorzeichen.

Die Einstellung der unteren Skala spielt hier keine Rolle!

D-Dur

Bei D-Dur siehst du, dass nun schon zwei Töne erhöht werden müssen, damit die D-Dur-Tonleiter benannt werden kann.

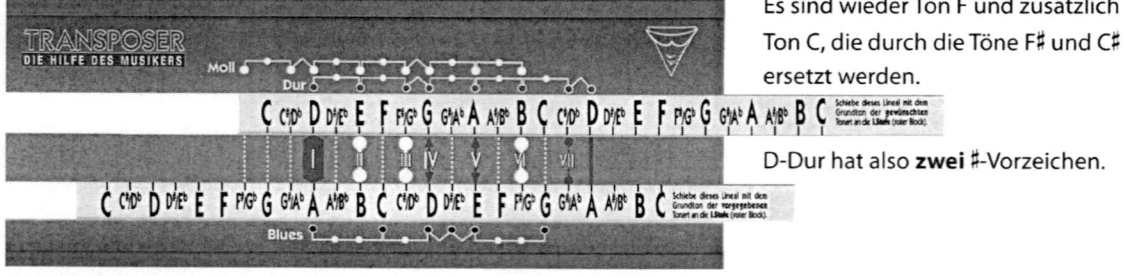

Es sind wieder Ton F und zusätzlich Ton C, die durch die Töne F♯ und C♯ ersetzt werden.

D-Dur hat also **zwei** ♯-Vorzeichen.

Die Einstellung der unteren Skala spielt hier keine Rolle!

Schiebe nun spielerisch das obere Lineal auf verschiedene Töne ein und beobachte dabei, dass dadurch unterschiedlich viele Erhöhungen entstehen.

Auf der nächsten Seite wirst du sehen, dass manchmal aber auch Töne erniedrigt werden müssen, um alle Töne einer Tonleiter bilden zu können.

Entstehung der ♭-Vorzeichen

Ein erniedrigter Ton wird durch das ♭-Vorzeichen gekennzeichnet.

F-Dur

In F-Dur sehen wir eine Veränderung auf der V. Stufe. Da der Ton B nicht passt, muss er um einen Halbtonschritt erniedrigt werden, es entsteht hiermit der Ton B♭.

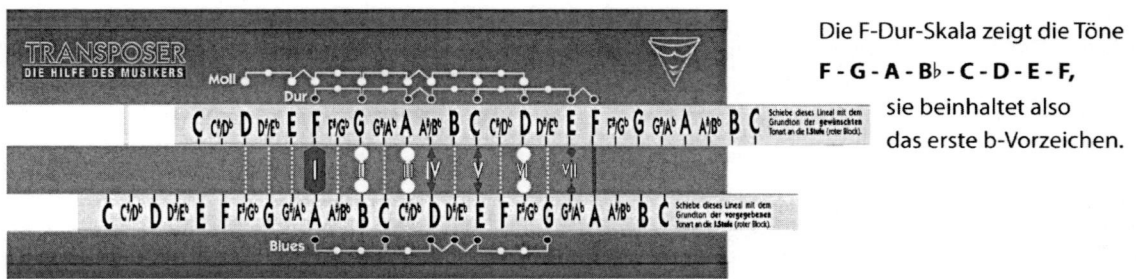

Die F-Dur-Skala zeigt die Töne

F - G - A - B♭ - C - D - E - F,

sie beinhaltet also das erste b-Vorzeichen.

Die Einstellung der unteren Skala spielt hier keine Rolle!

B♭-Dur

In dieser Tonart siehst du, dass du zwei Töne erniedrigen musst:

Der Grundton B♭ ist schon erniedrigt und der Ton E♭ wird als zweiter Ton auf der V. Stufe erniedrigt.

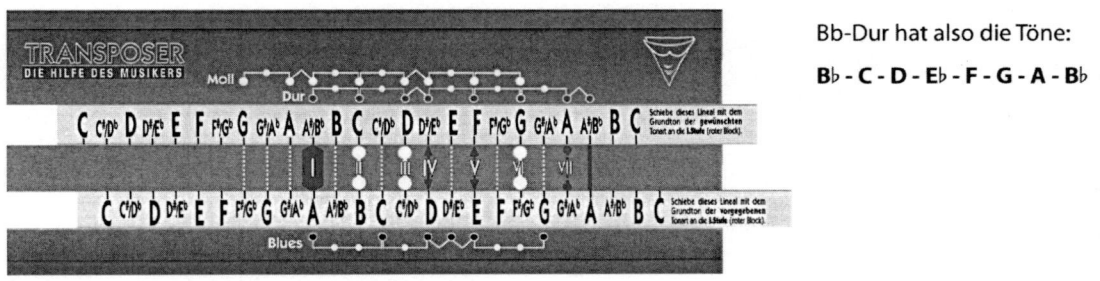

Bb-Dur hat also die Töne:

B♭ - C - D - E♭ - F - G - A - B♭

Die Einstellung der unteren Skala spielt hier keine Rolle!

G♭-Dur

Auch diese Tonart mit sechs ♭-Vorzeichen lässt sich mit dem Transposer sehr gut erklären!

Da B schon zum B♭ erniedrigt wurde, wird bei der IV. Stufe C zum C♭.

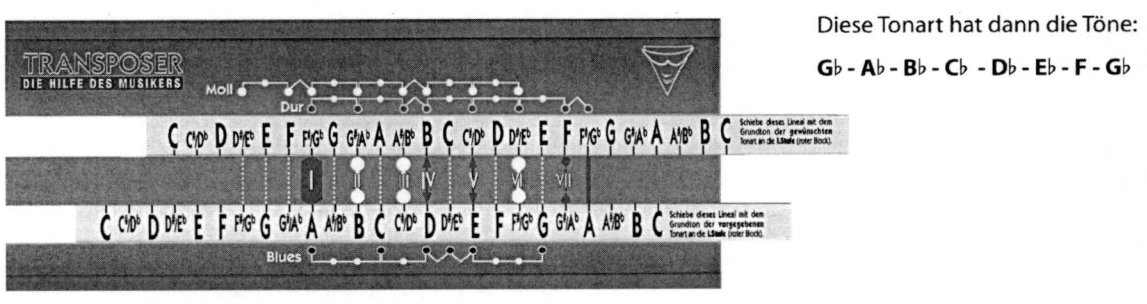

Diese Tonart hat dann die Töne:

G♭ - A♭ - B♭ - C♭ - D♭ - E♭ - F - G♭

Die Einstellung der unteren Skala spielt hier keine Rolle!

Der Transposer beim Komponieren

Eine wichtige Rolle kann der Transposer auch beim Komponieren spielen.

Prinzipiell ist hier seine Rolle ähnlich wie beim Heraushören von Akkorden.

Ein neuer Song

Das Beste wäre jetzt, du nimmst dir ein Instrument und versuchst mit Hilfe des Transposers eine nette Akkordfolge zu erfinden.

Für die Gitarre wählst du die bequem spielbare Tonart G-Dur und beginnst mit dem Akkord G-Dur.

Beachte nun die weiteren harmonischen Gegebenheiten.

Dein Transposer zeigt dir auf der Stufenskala die Dur-Akkorde in Rot und die Moll-Akkorde in Gelb an.

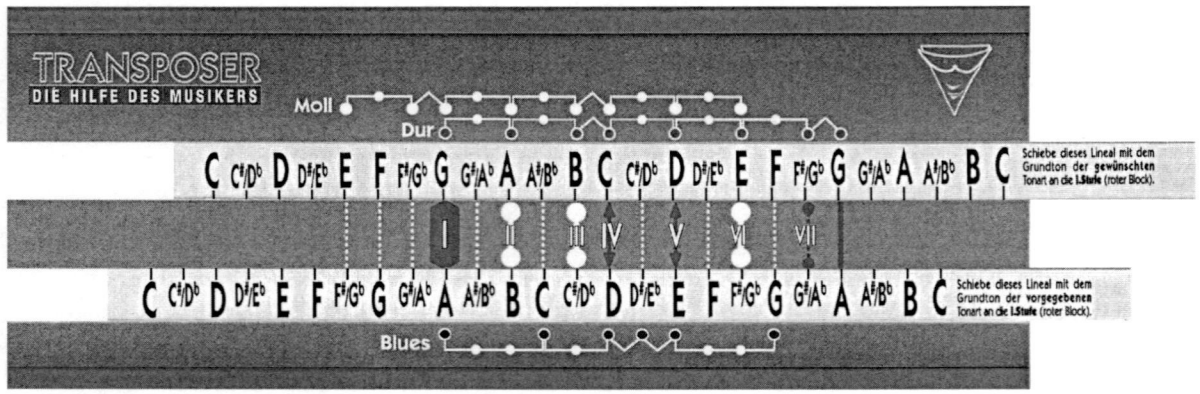

Die Dur-Akkorde befinden sich mit roter Kennzeichnung auf den Stufen I, IV und V.

Die Moll-Akkorde sind auf den Stufen II, III und VI zu sehen.

Auf Stufe VII siehst du die sogenannte Ersatzdominante, ein verminderter Akkord, den ich hier ausklammern will, weil er sehr „speziell" klingt und ohne Erfahrung beim Komponieren schwer einzusetzen ist.

Normalerweise kommen also in einem Song in der Tonart G-Dur die Akkorde **G - Am - Bm - C - D(7) - Em** vor.

Selbstverständlich musst du nicht alle Akkorde in deinem Song benutzen, oft ist weniger mehr.

Letztlich entscheidet aber der Melodieverlauf des Songs über die zu benutzenden Akkorde, wobei die Harmonisierung einer Melodie durchaus Spielraum für verschiedene Akkordvarianten zulässt.

Du solltest dir auch bewusst sein, dass sich Musik nicht immer in musikalische Gesetze pressen lässt, oft werden die Grenzen durchbrochen.

Eine sehr gebräuchliche Änderung der „normalen" Harmonien ist der Einsatz eines Dur-Akkordes auf der II. Stufe. In unserem Beispiel würdest du also statt A-Moll den A-Dur-Akkord benutzen.

Praktisch

Das untere Lineal kannst auf eine andere Tonart einstellen, so dass du deine neue Komposition auch schnell mal in einer anderen Tonart spielen kannst.

www.transposer.de

Weitere Bücher...

Guitar-TV:
Gitarrenschule ohne
Noten
Dieses Gitarrenbuch
funktioniert immer!
Ohne Vorkenntnisse,
mit leichten Videos
baust du deine
Fähigkeiten aus.
Optimale Unter-
stützung findest du in
den beiden DVD's:
100 Gitarren-Videos,
über 7 Stunden
Spielzeit!

DIN-A4, 80 Seiten
16,80 € mit 2 DVD's
ISBN 9783943304794

Guitar-TV:
Gitarrengriffe für
Pop & Rock
Suchst du ein über-
sichtliches Grifftabel-
lenbuch, liegst du hier
richtig. Zusätzlich wird
noch der Akkordauf-
bau aller Griffe erklärt
und weitere wichtige
Themen wie Barré-
griffe, Powerchords,
Slashchords, Kapo-
daster u.a. behandelt.
Mit aufklappbarem
Akkord-Bauplan!

Din-A4, 44 Seiten
15,00 € mit DVD
ISBN: 9783935937733

Ukulele-TV:
Ukulele für Anfänger
und Gitarristen
Ohne Notenkenntnisse
kannst du von der
ersten Stunde an mit-
spielen. Sehr anschau-
liche Videos, die den
Buchinhalt leicht
verständlich machen.
Mehr als **90 Ukulelen-**
videos, Spieldauer
über 4 Stunden!

Din-A4, 80 Seiten
14,80 € mit DVD
ISBN: 9783935937931

Lieder-TV:
Meine Kinderlieder
Band 1
Alle Lieder mit den
Akkorden D, G, A7,
Tabulatur und Noten.
Mit Powerworkshop für
Gitarre und Ukulele.
In meinem Garten
Dreh dich
Verkehrte Welt
Bärenlied
Am Himmel
Wir machen Musik
Weltreise
Wir gehen auf 'ne Party
Friedenstraum
DIN A4, 32 Seiten,
14,80 € mit DVD
ISBN 9783943304800

Lieder-TV:
Meine Kinderlieder
Band 2
Mit den Akkorden D, G,
A7, A, Em, Tabulatur
und Noten. Mit
Powerworkshop für
Gitarre und Ukulele.
Wie ein Stern
Auf dem blauen Ozean
Affenlied
Im Märchenland
Der Riese
Unser Zahlenlied
Sternenkind
Das leise Lied
Mach die Augen zu
DIN A4, 32 Seiten,
14,80 € mit DVD
ISBN 9783943304817

... und der Schultransposer!

Im Musikunterricht in Grund,- Haupt,- Gesamtschulen, sowie auch an weiterführenden Realschulen und Gymnasien bietet der
Transposer eine anschauliche Darstellung der Tonfolge. Damit verstehen auch Schüler, die kein Instrument spielen, die
musikalischen Gegebenheiten.
Im fortgeschrittenen Musikunterricht in Musikschulen und Universitäten werden mit dem Transposer die schwierigsten
musikalischen Funktionen sehr leicht und schnell verständlich erklärt.
Der Schultransposer kann an jede Tafel mit Hilfe von Haken angebracht werden.
Die Beschriftung ist auch von weitem noch gut zu erkennen.

Infos: www.transposer.de   **Maße: ca. 1,20 x 40 cm, Birkensperrholz**   **Preis: 340,- €**

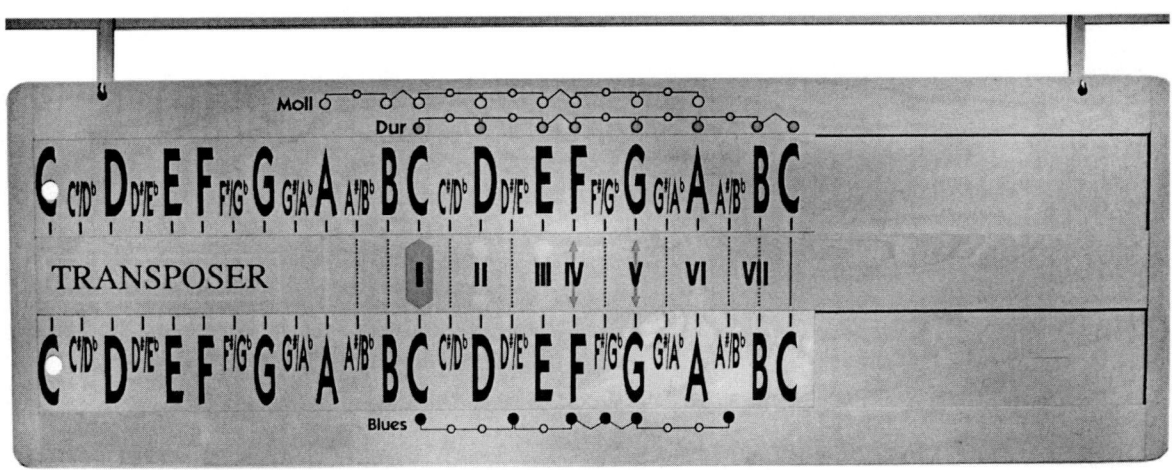

Online-Unterstützung auf www.transposer.de

Auf der Transposer-Homepage erwartet dich eine Sammlung von Transposer-Videos, die du kostenlos anschauen kannst. Ein sehr umfangreicher, ebenfalls kostenloser Gitarrenkurs für Anfänger erwartet dich auf **www.guitar-tv.de**.

Falls du Fragen zur Benutzung des Transposers hast, logge dich hier im Forum ein und stelle sie der großen Guitar-TV-Gemeinschaft!

Transposer-Fragen gehören meist ins Unterforum **Harmonielehre**.

http://www.guitar-tv.de/forum

Die Gitarrenschule guitarTV im Internet!

Das Gitarrenforum für die akustische Gitarre
Bei uns ist jeder Gitarrenspieler willkommen!

Abmelden [Reinhold]   0 neue Nachrichten   FAQ   Mitgliederkarte   Suche   Mitglieder   Persönlicher Bereich

Dein letzter Besuch: So 31. Jul 2011, 11:34   Aktuelle Zeit: So 31. Jul 2011, 14:08

Unbeantwortete Themen | Aktive Themen   Ungelesene Beiträge | Neue Beiträge | Eigene Beiträge

Foren-Übersicht   Alle Zeiten sind UTC + 1 Stunde [Sommerzeit]

Themen	Autor	Antworten	Zugriffe	Letzter Beitrag
Tabulaturen versus Noten	DonPedro	13	166	Do 28. Jul 2011, 12:29 Peter
Transposer	Hanni	7	113	So 24. Jul 2011, 11:37 Mainrage
Transponieren von C nach A	tomdei	7	197	Di 31. Mai 2011, 19:49 tomdei
Lied transponieren	Quinte	5	199	Do 28. Apr 2011, 13:44 KlausG
Transposerkauf	guitarfreak	2	213	Do 3. Mär 2011, 21:47 guitarfreak
Anders gegriffene Akkorde kennzeichnen	Valorin	8	222	Mi 26. Jan 2011, 22:36 Valorin
Darf man das?	Valorin	6	219	Do 13. Jan 2011, 16:27 korgli
# nach den Akkorden - was ist damit gemeint ??	ricky_ck	4	291	So 2. Jan 2011, 14:46 KlausG
Ich brauche Eure Hilfe	evolet	3	238	Di 28. Dez 2010, 12:57 evolet
dim und 7er	Remarc	3	219	Do 4. Nov 2010, 12:38 Reinhold
Transponieren ...	ZapZero	2	260	So 8. Aug 2010, 11:35 Reinhold
Meine Erfahrung mit dem Transposer	glueheis	2	355	Mo 10. Mai 2010, 17:15 wobe
Akkordaufbau	wobe	3	280	Mi 28. Apr 2010, 17:27 Reinhold
neue transposerfrage :)	Reinhold	0	173	Fr 2. Apr 2010, 18:09 Reinhold
Frage zur Kletterübung	ankela	3	249	Fr 2. Apr 2010, 10:50 ankela
Unbekannte Akkorde	glueheis	5	177	Mi 31. Mär 2010, 20:41 glueheis
Frage zu Kadenzen	wehrkuh	2	151	So 28. Mär 2010, 19:16 wehrkuh
Transposer jetzt mit Buch	Reinhold	1	236	Mi 10. Mär 2010, 21:44 Reinhold
2 fragen	Reinhold	1	144	So 7. Mär 2010, 21:30 Reinhold
Film 20.4: Das deutsche "H"	Mjchael	2	147	Mi 3. Mär 2010, 00:38 Mjchael
Frage zu Akkorde wie A7, Asus2 ect.	Reinhold	3	142	Fr 19. Feb 2010, 22:25 Hawky
Tabs	Reinhold	1	154	Mi 3. Feb 2010, 01:26 Reinhold
Der Guitar-TV Akkord-Bauplan	Reinhold	24	383	Mi 13. Jan 2010, 13:34 Reinhold
Transposer	Reinhold	0	123	Sa 2. Jan 2010, 20:03 Reinhold
Transposer im gebrauch...	Hawky	1	145	Do 31. Dez 2009, 14:28 Reinhold

Themen der letzten Zeit anzeigen: Alle Themen ‡ Sortiere nach Erstellungsdatum ‡ Absteigend ‡ Los

Seite 1 von 2 [29 Themen]   Gehe zu Seite 1, 2 Nächste

12-2012

kostenlose Live-Fragestunde

Stelle deine Fragen live!

Seit Mai 2020 ist Guitar-TV mit Live-Streams für Anfänger und Fortgeschrittene auf YouTube zu sehen! Mittlerweile sind über **200 Live-Streams** für Gitarrenanfänger auf unserem YouTube-Kanal zu finden.

• Mittwoch um 19.00 Uhr

Zusätzlich zu euren Fragen, die ihr im Chat stellen könnt, gibt es immer auch ein interessantes Thema wie z.B. das Erlernen von Barrégriffen ohne Schmerzen oder wie schnell du das Zupfen/Picking auf der Gitarre erlernen kannst.
Nach dem Livestream habt ihr allerdings weiterhin Zugriff auf die Videos, in denen ihr dann auch bestimmte Passagen nach Belieben in Zeitlupe sehen könnt.

Es gibt keinerlei Verpflichtung oder Vertrag über einen Zeitraum, sondern es wird immer nur für einen Monat bezahlt und du kannst den Online-Unterricht jederzeit beenden!

Unterricht für Anfänger

Unterricht für Anfänger

ab April 2026 • dienstags um 17.00 Uhr

28 Euro/monatl.

Auch hier hast du **4 x im Monat Unterricht je 60 Minuten.**

Du hast gerade begonnen, Gitarre zu spielen? Du spielst vielleicht schon die ersten Akkorde und einen einfachen Rhythmus? Dann bist du in diesem Anfängerkurs richtig! Hier bekommst du jede Woche neue Lieder, Akkorde und die passenden Unterlagen dazu.

Du kannst jederzeit an einem Probemonat für 14 Euro teilnehmen! Wenn es dir gefallen hat, meldest du dich für 28 Euro im Monat an. Es wird immer nur für einen Monat bezahlt und du kannst den Online-Unterricht jederzeit beenden!

Gleichzeitig hast du die Möglichkeit, an der öffentlichen Fragestunde für Gitarrenanfänger teilzunehmen - diese findet immer mittwochs um 19.00 Uhr KOSTENLOS UND LIVE statt. Du kannst im Chat deine Fragen stellen und direkt die Antwort erhalten.

Wenn du einen Kurs zur Probe mitmachen möchtest, schreibe mir bitte ein email an:

reinholdpomaska@web.de

Workshop Open C-Stimmung

für Anfänger und Fortgeschrittene
von Januar bis März 2026

• dienstags von 17 - 18 Uhr •

Gesamtpreis 90 Euro/3 Monate

Jeder dieser drei Monate kann für **30 € einzeln nachgebucht** werden! Du kannst also jederzeit einsteigen! Auch hier hast du **viermal im Monat Unterricht je 60 Minuten.**

Wie immer bekommst du einen Downloadordner und die Videos bleiben dir natürlich auch erhalten.

Ob du es schaffst, das angebotene Material in den drei Monaten abzuarbeiten, sei dahingestellt - es spielt keine Rolle. Wichtiger ist, dass du deinen Spaß daran findest und auch immer wieder nach dem Workshop damit spielst und im Laufe der Zeit die Übungen verinnerlichst und automatisiert.

Für alle, die als Totalanfänger mit der Open C-Stimmung beginnen, hat diese noch eine völlig andere Bedeutung: Der folgende Einstieg in die Standardstimmung mit „normalen" Griffen wird dir so leicht fallen, wie du es dir gar nicht vorstellen kannst!

Im Grunde kannst du dann auch direkt mit Barrégriffen beginnen, weil du diese Griffe dann bereits drei Monate gespielt hast!!!

Unterricht für Fortgeschrittene

Der "Unterricht für Fortgeschrittene" ist immer

• Dienstag um 19.00 Uhr

32 Euro/monatl.

Auch hier hast du **4 x im Monat Unterricht je 60 Minuten.**

Wir üben nach einem immer weiterführenden Übungsplan, der eurem bisherigen Üben eine neue Form gibt und der euch nur weiterbringen kann.

Ihr bekommt regelmäßig neue technische und theoretische Übungen, neue Lieder und Liedbegleitungen, die je nach Schwierigkeit länger oder kürzer im Programm bleiben, so dass man sie schwerlich übersehen kann.
Inwieweit sich jeder Einzelne mit den Inhalten wirklich auseinandersetzt, ist eine individuelle Entscheidung, so dass sich letztlich jeder automatisch auch nach seinen persönlichen Vorlieben entscheidet, was er wirklich lernen will.

Die Teilnahme am Chat ist allerdings nicht Pflicht, ihr könnt genauso gut auch nur zuschauen.